Liköre und Sirup

OTUS Lifestyle

Inhalt

Vorwort

Do-it-yourself ist ein Trend, der auch vor Flüssigem aus eigener Herstellung nicht haltmacht. Zwar erhält man heutzutage fast alles im Supermarkt, doch um vieles befriedigender ist es, sich auf traditionelle Methoden der Konservierung zu besinnen und Liköre und Sirups einfach nach eigenem Geschmack selbst herzustellen. Auf den folgenden Seiten finden Sie Rezepte, die mühelos von der Hand gehen. Sie benötigen weder eine umfangreiche, teure Ausstattung noch besondere Geräte. Alles, was Sie für die Herstellung von Sirups und Likören brauchen, haben Sie ganz sicher in Ihrer Küche. Wenn Sie sich also in nächster Zeit auf dem Obstmarkt mit frischen Früchten eindecken oder nach einem ausgiebigen Spaziergang durch die Natur reichlich gesammelt haben, krempeln Sie einfach die Ärmel hoch und legen Sie los! Für jede Saison finden Sie hier das passende Rezept und selbst wenn das Angebot an Obst, Gemüse, Blüten und Kräutern rar ist, können Sie aus Zutaten wie z. B. Kaffee, Tee oder Milch schmackhafte Kreationen zaubern. Pur oder in Drinks genossen oder für Speisen wie Desserts und Gebäck verwendet, werden Ihre selbst gemachten Liköre und Sirups stets gut ankommen!

Ob zum Selbstgenießen oder als individuelles Geschenk: Lassen Sie sich inspirieren und entdecken Sie die Aromenvielfalt selbst gemachter Liköre und Sirups!

Liköre und Sirups

Gute Geister aus der Flasche

Für unsere Großmütter war es noch selbstverständlich, eine reiche Obsternte in Köstlichkeiten zu verwandeln, die den Winter über den Speisezettel bereicherten. Viele erinnern sich vielleicht noch an übervolle Keller, in denen sich Flasche an Flasche reihte. Heute sind wir auf diesen Vorrat zwar nicht mehr angewiesen, doch wir kochen, servieren und genießen die selbst gemachten Tröpfchen trotzdem gern – weil es uns stolz und glücklich macht. Was Sie dabei beachten müssen, erfahren Sie im Folgenden.

Liköre – Abwechslung in der Küche

Selbst gemachte Liköre sind eine wahre Schatztruhe an Aromen. Im Gegensatz zu Produkten aus dem Supermarkt haben Sie hierbei außerdem den großen Vorteil, dass Sie bei der Herstellung selbst bestimmen können, wie intensiv der Geschmack ist, wie süß der Likör wird und wie viel Alkohol er enthält. Zudem können Sie Ihre Lieblingsfrüchte nach Belieben kombinieren und mit verschiedenen Zutaten wie beispielsweise Kräutern und Gewürzen geschmacklich variieren. Auch die Verwendungsmöglichkeiten sind vielfältig: So lässt sich Likör nicht nur pur genießen, sondern auch mit anderen Zutaten wie etwa Sekt oder Wein zu Aperitifs und Cocktails verwandeln, die Lust auf mehr machen. Desserts lassen sich damit ebenso verfeinern wie Cremes für Torten oder Kuchen – denken Sie z. B. an einen leckeren Eierlikörkuchen, an eine Zitronenbiskuitrolle mit Zitronenlikörcreme oder an eine Mokkatorte mit Kaffeelikör. Dasselbe gilt für Desserts. Bei einem Trifle mit Erdbeerlikör, einer Schoko-Mousse mit Minzlikör oder einer Creme mit Schokolikör greift man nur zu gerne zu. Der Fantasie sind hierbei keine Grenzen gesetzt.

Liköre ansetzen

Selbst Likör herzustellen, ist ganz einfach. Alles, was Sie z. B. für einen Obstlikör brauchen, sind Früchte, Alkohol und Zucker. Bei den „Aufgesetzten", wie sie auch genannt werden, müssen Früchte und Zucker mit Alkohol übergossen, also „aufgesetzt", werden. Das Prinzip ist einfach: Die Früchte werden zusammen mit Kandis- oder Kristallzucker sowie Alkohol in einem Gefäß angesetzt. Das Aroma der Früchte und Gewürze wird vom hochprozentigen Alkohol extrahiert und nach einigen Wochen kann der Likör gefiltert werden. Dazu eignet sich ein Kaffeefilter, ein sauberes Küchenhandtuch oder ein Stück Stoff aus Baumwolle.

Aromen extrahieren

Eine andere Möglichkeit, Liköre herzustellen, bietet sich an, wenn es mal etwas schneller gehen soll. Dabei wird das Aroma der Früchte mittels Aufkochen oder Auspressen extrahiert. Mit einer aufgekochten Zuckerlösung wird der selbst gemachte Likör dann gesüßt und ist innerhalb kürzester Zeit genussbereit. Auf ähnliche Weise werden auch Cremeliköre wie z. B. Eierlikör, aber auch Schokoladenlikör oder Whisky-Sahne-Liköre zubereitet.

Zutaten für Liköre

Fast jede Frucht eignet sich für die Herstellung von Likör. Neben Fliederbeeren, Brombeeren, Johannisbeeren,

Aprikosen, Himbeeren, Schlehen oder Vogelbeeren lassen sich auch Mirabellen, Pflaumen, Hagebutten, Kirschen Sanddorn, Äpfel, Birnen oder Quitten als Grundzutat für den Likör nutzen. Sie können für Ihren Likör eine einzige Obstsorte, aber auch einen Mix aus unterschiedlichen Früchten verwenden. Aber nicht nur Früchte, auch Kaffee, Schokolade, Rosenblüten und einiges mehr lassen sich mit Zucker und Alkohol in einen Likör verwandeln. Mit verschiedenen Gewürzen können Sie ihn geschmacklich verfeinern. Vanille, Zimt, Kardamom, Nelken, Muskat, Chili oder Ingwer – um nur einige zu nennen – sind dazu ebenso gut geeignet wie Kräuter wie Basilikum, Thymian oder Rosmarin. Wählen Sie einfach nach persönlicher Vorliebe.

Verwendeter Alkohol
Der Alkoholgehalt schwankt bei Likören normalerweise zwischen 15 % und 40 % – je nach verwendetem Alkohol. Ideal sind klare Branntweine wie Wodka und Korn, aber auch brauner und weißer Rum und Whisky sind geeignet. Auch reiner Alkohol (96 %) kann verwendet werden, dieser ist jedoch vergleichsweise teuer und fast nur in Apotheken erhältlich.

Haltbarkeit von Likören
Durch ihren Alkohol- und Zuckergehalt sind Liköre auch lange haltbar. Sie sollten stets dunkel und kühl gelagert werden. In der Regel halten sie sich dann einige Monate, manchmal auch ein Jahr und länger. Überprüfen Sie regelmäßig, ob die Flaschen noch einwandfrei sind.

Sirups – vielseitig verwendbar

Selbst gemachte Sirups sind in der Küche vielseitig verwendbar. Ein Sirup verfeinert nicht nur Sommerdrinks, sondern auch Kaffee, Schokolade, Tee, Glühwein und selbst schlichtes Mineralwasser. Vor allem für alkoholfreie Cocktails eignen sich selbst gemachte Sirups hervorragend: Erdbeersirup mit Mineralwasser, dazu einen Spritzer Zitronen- oder Limettensaft oder Kirschsaft mit Mineralwasser und Holunderblütensirup auf Eis – probieren Sie es aus und entwickeln Sie Ihre Eigenkreationen! Ein aromatischer Minz- oder Waldmeistersirup erfrischt, ein Löwenzahn- oder Ingwersirup im heißen Tee lindert Erkältungsbeschwerden, Lavendelsirup zaubert den Duft der Provence in jedes Dessert und Holunderblütensirup, mit Sekt oder Prosecco aufgegossen, ist ein Hochgenuss. Daneben lassen sich aber auch viele Sirups zum Würzen verwenden. Etwas Zitronen- oder Traubensirup verleiht beispielsweise jeder Salatsoße das gewisse Etwas.

Sirups selbst machen

Bei einem Fruchtsirup handelt es sich um eine dickflüssige, konzentrierte Lösung, die durch Kochen aus zuckerhaltigen Früchten, Pflanzenextrakten oder Fruchtsäften gewonnen wird. Zur Herstellung aus Früchten kocht man diese mit Wasser auf und entsaftet sie. Die entstandene Lösung wird mit Zucker versetzt und nochmals aufgekocht. Das heiße Konzentrat füllt man anschließend in sterile Gläser oder Flaschen ab. Füllen Sie niemals heißen Sirup in kalte Flaschen: Sie könnten während des Abkühlens platzen! Wärmen Sie stattdessen die Gläser vor dem Abfüllen möglichst an.

Zutaten für Sirups

Fruchtsirup lässt sich aus allen Frucht- bzw. Obstsorten herstellen, die man entsaften kann. Auch aus Blüten kann man Sirup herstellen. Beliebt ist u. a. Holunderblütensirup, aber auch Rosenblüten, Lavendel oder Frühlingsblüten wie Löwenzahn eignen sich für die Sirupherstellung. Kräuter können ebenfalls verwendet werden, um Sirup herzustellen. Dieser kann u. a. als Hustensirup, aber auch für raffinierte Cocktails und vieles mehr verwendet werden.

Haltbarkeit von Sirups

Ein Sirup ist einfach selbst zu machen und lässt sich – in hübsche Fläschchen abgefüllt – genauso wunderbar verschenken wie ein Likör. Durch den hohen Zuckergehalt ist Sirup unter Luftabschluss einige Monate haltbar. Trotzdem sollte er im Kühlschrank gelagert werden. Wenn man Sirup in Eiswürfelformen abfüllt, ist er das ganze Jahr über genießbar!

Wichtig: Sauberkeit!

Für Liköre und Sirups gleichermaßen gilt: Sauberkeit bei der Zubereitung ist oberstes Gebot! Flaschen und Gläser sollten daher vor dem Abfüllen stets sterilisiert werden. Waschen Sie die Gefäße heiß aus und lassen Sie sie im Backofen bei 80–100 °C ca. 10 Minuten trocknen. Die Deckel in einen Topf mit Wasser legen und ca. 10 Minuten sprudelnd kochen lassen.

Frühling:
frisch und anregend

Waldmeistersirup,

ein Mai-Gruß

Zutaten

3–4 Bund Waldmeister
1 kg Zucker
4 unbehandelte Zitronen
nach Belieben einige Tropfen grüne Lebensmittelfarbe

Zubereitungszeit: ca. 1 Std. + 3 Tage und 12 Std. Trocken- und Ziehzeit
Für 2 l

Zubereitung

1. Waldmeister gründlich waschen und trocken schütteln. Auf Küchenkrepp oder Geschirrhandtüchern ausbreiten und über Nacht trocknen lassen.

2. Zucker und 2 Liter Wasser in einen Topf geben, zum Kochen bringen und so lange unter Rühren kochen lassen, bis sich der Zucker vollständig aufgelöst hat. Sirup abkühlen lassen.

3. Zitronen gut waschen und in Scheiben schneiden. Abgekühlten Sirup in einen sauberen Topf oder eine große Schüssel gießen. Waldmeisterblätter von den Zweigen zupfen und mit Zitronenscheiben in den Sirup legen. Ca. 3 Tage im Kühlschrank ziehen lassen.

4. Sirup durch ein feines Sieb abgießen, nach Belieben mit grüner Lebensmittelfarbe mischen und einmal kurz aufkochen lassen. In sterilisierte Gläser oder Flaschen abfüllen und im Kühlschrank aufbewahren. Kühl und dunkel gelagert, hält sich der Sirup ca. 4–6 Monate.

Tipp

Waldmeistersirup ist ideal für eine Maibowle: 500 Gramm Erdbeeren waschen, vierteln und mit 2 Flaschen trockenem Weißwein, 1 Flasche Sekt und 40 Zentilitern Waldmeistersirup in einer Bowleschüssel mischen und kalt stellen.

Zutatenliste

Löwenzahn-Sirup,
wohltuend und lecker

Zutaten

200 g Löwenzahnblüten
200 g Zucker
Saft von 1 Zitrone

Zubereitungszeit: ca. 1 Std. + 1 Std. Abkühlzeit
Für ca. 500 ml

Zubereitung

1. Löwenzahnblüten entstielen und gegebenenfalls von Insekten befreien. Mit 500 Millilitern Wasser in einen Topf geben, zum Kochen bringen und bei reduzierter Hitze ca. 30 Minuten köcheln lassen. Topf vom Herd nehmen und ca. 30 Minuten abkühlen lassen.

2. Flüssigkeit durch ein feines Sieb in einen sauberen Topf abseihen, Blüten etwas ausdrücken. Zucker und Zitronensaft zugeben, aufkochen und weitere ca. 30 Minuten abkühlen lassen.

3. In eine sterilisierte Flasche oder Gläser füllen und kühl und dunkel lagern. So hält sich der Sirup mehrere Monate.

Tipp

Der Löwenzahnsirup ist ein guter Honigersatz und schmeckt auch super über Eis geträufelt. Außerdem lindert er Husten, wenn man ein wenig davon in den Tee gibt.

Zutatenliste

Tamarinden-Sirup,
exotisch-säuerlich

Zutaten

500 g Tamarinden
500 g Zucker

Zubereitungszeit:
ca. 50 Min. +1 Std. Ziehzeit
Für 500 ml

Zubereitung

1. Tamarinden aufbrechen und Fruchtmark sowie Samen in eine Schüssel geben. 500 Milliliter Wasser zum Kochen bringen und Fruchtmark und Samen damit übergießen. Mindestens 1 Stunde ziehen lassen.

2. Durch ein Sieb in einen sauberen Topf passieren. Zucker einrühren und zum Kochen bringen. Bei reduzierter Hitze köcheln lassen, bis ein dicklicher Sirup entsteht.

3. Sirup in eine sterilisierte Flasche oder in Gläser abfüllen und kühl und dunkel lagern. So hält sich der Sirup einige Monate.

Tipp

Tamarinden sind die Früchte des ursprünglich afrikanischen Tamarindenbaums. Man erhält sie in gut sortierten Asia-Läden und zuweilen im Supermarkt. Mit Sekt oder Mineralwasser wird aus dem Tamarinden-Sirup ein exotisches Erfrischungsgetränk. Sie können den Sirup aber auch zum Verfeinern von Soßen, Chutneys und Dressings verwenden.

Zutatenliste

Fiore di latte
(italienischer Milchlikör)

Zutaten

100 g Zucker
100 g Sahne
350 ml Milch
100 g weiße Schokolade
2 Pck. Sahnesteif
100 ml Weingeist (96 %)
100 ml Grappa (40 %)

Zubereitungszeit:
ca. 45 Min.
Für 750 ml

Zubereitung

1. Zucker und 100 Milliliter Wasser in einen Topf geben und zum Kochen bringen. Bei reduzierter Hitze unter Rühren ca. 5 Minuten köcheln lassen, bis der Zucker sich vollständig aufgelöst hat. Sahne und Milch zugießen und noch einmal kurz aufkochen lassen. Topf vom Herd nehmen.

2. Schokolade in Stücke brechen und in der heißen Sahne-Milch-Mischung schmelzen lassen. Masse gut umrühren. Abkühlen lassen und zwischendurch immer wieder umrühren.

3. Sahnesteif unterrühren, Weingeist und Grappa zugießen und ebenfalls unterrühren. Likör vollständig erkalten lassen. Nochmals gut durchmixen, in eine sterilisierte Flasche abfüllen und gut verschließen. Kühl und dunkel aufbewahrt, hält sich der Likör ca. 6 Monate.

Tipp

Vor dem Eingießen kräftig schütteln. Der Likör muss nicht ziehen, er kann sofort getrunken werden. Köstlich schmeckt er z. B. zu Eis oder Pudding.

Zutatenliste

Erdbeer-Likör
mit Limette

Zutaten

500 g Erdbeeren
1 unbehandelte Limette
300 g weißer Kandiszucker
1 Vanilleschote
750 ml Wodka
(38 % Alkohol)

Zubereitungszeit:
ca. 30 Min. + 5 Wochen
Zieh- und Reifezeit
Für ca. 1,2 l

Zubereitung

1. Erdbeeren gründlich waschen und auf Küchenpapier abtropfen lassen. Limette heiß abwaschen, trocken tupfen und in dünne Scheiben schneiden. Jeweils die Hälfte der Limettenscheiben in sterilisierte Gläser (750 Milliliter Fassungsvermögen) geben. Jeweils die Hälfte des Zuckers zugeben.

2. Vanilleschote halbieren und je eine halbe Schote in jedes Glas geben. Erdbeeren entstielen und klein schneiden. In die Gläser geben und mit jeweils der Hälfte des Wodkas begießen. Gläser verschließen und an einem dunklen, kühlen Ort ca. 3 Wochen ziehen lassen. Gläser regelmäßig leicht schütteln.

3. Liköransatz durch ein feinmaschiges Sieb abgießen, in die gesäuberten Gläser zurückgießen und ca. 7 Tage ruhen lassen. Durch ein Sieb abseihen und Erdbeeren gut abtropfen lassen (nicht ausdrücken). Likör durch einen Kaffeefilter abseihen. In die sauber ausgespülten Gläser gießen und ca. 1 Woche ruhen lassen. Im Kühlschrank hält sich der Likör ca. 6–8 Monate.

Tipp

Mit Sekt aufgegossen auf Eiswürfeln serviert, wird aus dem Likör ein leckerer sommerlicher Erfrischungscocktail.

Zutatenliste

Kaffeelikör,
ganz klassisch

Zutaten

200 g Kaffeebohnen (geröstet)
1 l Korn
3 TL Anis
3 Stangen Zimt
1 TL Vanilleextrakt
750 g Zucker

Zubereitungszeit: ca. 40 Min. + 8 Tage Ziehzeit
Für ca. 1 l

Zubereitung

1. Kaffeebohnen, Korn, Anis, Zimt und Vanilleextrakt in eine sterilisierte Flasche geben und ca. 8 Tage auf der Fensterbank ruhen lassen.

2. 1 Liter Wasser mit Zucker aufkochen und bei milder Hitze sirupartig einkochen lassen. Kaffee-Korn-Ansatz durch einen Kaffeefilter abseihen.

3. Zuckerlösung leicht abkühlen lassen und mit der Kaffee-Korn-Mischung verrühren. Gut gekühlt, ist der Kaffeelikör ca. 6–12 Monate haltbar.

Tipp

Den Kaffeelikör können Sie entweder pur genießen, mit einem Spritzer Dosenmilch oder einem Schuss frischer Sahne servieren oder Getränke wie z. B. Kakao damit verfeinern. Oder verwenden Sie ihn für Tiramisu, Vanilleeis oder Eiskaffee. Cocktailliebhaber bevorzugen vielleicht einen White Russian: Hierzu 3 Zentiliter Wodka, 3 Zentiliter Kaffeelikör und einige Eiswürfel in einem Glas vermischen und 5 Zentiliter leicht geschlagene Sahne vorsichtig daraufgeben.

Zutatenliste

Cremiger Eierlikör,
nicht nur zu Ostern

Zutaten

8 frische Eigelb
1 Vanilleschote
250 g Puderzucker
1 Msp. gemahlener Zimt
1 Msp. gemahlener Koriander
250 ml weißer Rum
340 ml Kondensmilch (7,5 % Fett)

Zubereitungszeit: ca. 25 Min.
Für ca. 1 l

Zubereitung

1. Eigelbe in eine Metallschüssel geben. Vanilleschote aufschneiden und Mark zum Eigelb kratzen. Eigelb mit Vanillemark verrühren. Nacheinander Puderzucker, Zimt, Koriander, Rum und Kondensmilch unterrühren.

2. Mischung mit den Quirlen des Handrührgeräts über dem heißen Wasserbad ca. 10 Minuten aufschlagen, bis eine dicke Creme entsteht.

3. Eierlikör mithilfe eines Trichters in weite, sterilisierte Flasche abfüllen. Gut verschlossen, hält er sich im Kühlschrank ca. 4 Wochen.

Tipp

Verfeinern Sie doch einmal Desserts wie etwa Schokoladeneis mit etwas Eierlikör! Das nicht verwendete Eiweiß lässt sich gut für Backwaren wie Makronen oder Kuchen mit Baiserhaube verwenden.

Zutatenliste

Sommer:
duftend und fruchtig

Lavendelblütensirup,
blumig und aromatisch

Zutaten

400 g Zucker
6 EL Zitronensaft
12 EL frische Lavendelblüten

Zubereitungszeit:
ca. 25 Min. + 1 Tag Ziehzeit
Für ca. 250 ml

Zubereitung

1. Zucker, Zitronensaft und 300 Milliliter Wasser in einen Topf geben und zum Kochen bringen. Bei schwacher Hitze unter Rühren ca. 5 Minuten köcheln lassen, bis der Zucker sich vollständig aufgelöst hat.

2. Topf vom Herd nehmen und Lavendelblüten zufügen. Zugedeckt ca. 1 Tag an einem dunklen, kühlen Ort ziehen lassen.

3. Flüssigkeit durch ein feines Sieb passieren. Sirup in ein sterilisiertes Glas füllen, verschließen und im Kühlschrank aufbewahren. Hier hält sich der Sirup ca. 6 Monate.

Tipp

Sie können auch getrocknete Blüten des Echten Lavendels verwenden. Dann reicht ein Drittel der Menge und der Sirup muss nur ca. 2–3 Stunden ziehen. Lavendelsirup schmeckt mit kaltem Mineralwasser, Sekt oder Prosecco, aber auch zu verschiedenen Desserts wie z. B. Eis oder Obstsalat.

Zutatenliste

lavender

Holunderblütensirup,

sommerlich frisch

Zutaten

20 Holunderblütendolden
1 kg Zucker
10–20 g Zitronensäure
500 g unbehandelte Zitronen

Zubereitungszeit:
ca. 40 Min. + 3 Tage Ziehzeit
Für 1,5 l

Zubereitung

1. Holunderblütendolden gut ausschütteln, um Insekten zu entfernen. 1 Liter Wasser und Zucker in einen Topf geben und zum Kochen bringen.

2. Zitronensäure unterrühren. Zitronen gründlich waschen, trocken tupfen und in Scheiben schneiden. Mit den Blüten ins Zuckerwasser geben.

3. Zugedeckt ca. 3 Tage ziehen lassen. Durch ein Sieb abgießen, noch einmal kurz aufkochen lassen und in sterilisierte Flaschen füllen. An einem kühlen, dunklen Ort hält sich der Sirup ca. 6 Monate.

Tipp

Holundersekt kann als köstlicher Aperitif mit speziellem Aroma gereicht werden. Geben Sie dafür einfach etwas Holunderblütensirup in ein Glas Sekt oder Prosecco. Wenn Sie eine alkoholfreie Variante bevorzugen, füllen Sie den Sirup mit Mineralwasser auf und geben Sie etwas Zitrone, Minze und ein paar Eiswürfel hinzu.

Zutatenliste

Zitronensirup
mit Basilikum

Zutaten

1 kg unbehandelte Zitronen
300–350 g Zucker
1/2 Bund Basilikum

Zubereitungszeit:
ca. 40 Min.
Für ca. 600 ml

Zubereitung

1. Zitronen gründlich waschen und gut trocken reiben. Von 2 Zitronen Schale dünn abreiben, alle Zitronen auspressen. Saft abmessen. Benötigt werden 300–350 Milliliter Saft.

2. Zitronensaft, Zitronenschale und Zucker (der Saftmenge entsprechend) in einen Topf geben und zum Kochen bringen. Bei reduzierter Hitze ca. 5 Minuten köcheln lassen. Basilikum waschen, trocken schütteln und zugeben. Kurz darin ziehen lassen.

3. Durch ein Sieb abgießen und sofort in sterilisierte Gläser oder eine Flasche füllen. Kühl gelagert, hält sich der Sirup mehrere Monate.

Tipp

Zitronensirup können Sie mit Sprudel als Limonade trinken. Oder mischen Sie 1–2 Teelöffel mit einem Glas Weißwein und Sie haben einen sommerlichen Aperitif. Einige Tropfen Zitronensirup geben auch Salatsoßen einen besonderen Kick.

Zutatenliste

Cassis-Likör,
herrlich fruchtig

Zutaten

1 kg schwarze Johannisbeeren
1 l Wodka (38 % Alkohol)
2 Muskatblüten
3 Gewürznelken
1 Zimtstange
1 kg Zucker

Zubereitungszeit:
ca. 40 Min. + 2 Wochen Ziehzeit
Für 1 l

Zubereitung

1. Johannisbeeren waschen, von den Rispen streifen und verlesen. Hälfte der Johannisbeeren zerdrücken, Rest ganz lassen. Mit Wodka und Gewürzen in ein großes Schraubdeckelglas füllen, verschließen und ca. 2 Wochen an einem dunklen Ort ziehen lassen.

2. Zucker mit 500 Millilitern Wasser aufkochen. Johannisbeeren mit Wodka zugegeben und alles gut verrühren.

3. Ein Sieb mehrfach mit sauberen Küchenhandtüchern auslegen und Likör filtern. In eine sterilisierte Flasche füllen und verkorken. Gut gekühlt, ist der Likör mindestens 2 Monate haltbar.

Tipp

Nach Belieben können Sie den Likör geschmacklich variieren, indem Sie andere Gewürze wie z. B. Vanillemark oder ein kleines Stück Ingwer zufügen. Ein typischer Aperitif mit Cassis-Likör ist Kir Royal. Dafür 1 Zentiliter Cassis-Likör in ein Glas geben und vorsichtig mit 9 Zentilitern trockenem Sekt auffüllen.

Zutatenliste

Aprikosenlikör

mit Vanille und Zimt

Zutaten

12 große Aprikosen
1/2 unbehandelte Limette
1 Vanilleschote
1/2 Zimtstange
500 g Zucker
700 ml Weizenkorn (38 % Alkohol)

Zubereitungszeit: ca. 25 Min. + 4 Wochen Ziehzeit
Für 1 l

Zubereitung

1. Aprikosen gründlich waschen, entkernen und vierteln. Limette in Scheiben schneiden. Vanilleschote vierteln.

2. Aprikosen, Limette und Vanille in ein großes, bauchiges Glas geben. Zimtstange zufügen. Zucker zugeben und Weizenkorn zugießen.

3. Gut durchschütteln, Glas verschließen und Liköransatz ca. 3–4 Wochen ziehen lassen. Durch ein feines Sieb abseihen und in eine sterilisierte Flasche füllen. Der Likör ist, gut gekühlt, ca. 6–12 Monate haltbar.

Tipp

Der Aprikosenlikör schmeckt am besten, wenn man ihn vor dem Genuss leicht kühlt. Ansprechend servieren können Sie den Likör, indem Sie ihn in eine weithalsige Karaffe geben und noch einige frisch gewaschene Aprikosenhälften oder -schnitze und eine Zimtstange hineingeben.

Zutatenliste

Himbeerlikör,
frisch mit Limette

Zutaten

500 g Himbeeren
1 unbehandelte Limette
1 Vanilleschote
700 ml Doppelkorn
(38 % Alkohol)
100 ml Weingeist
(90 % Alkohol)
200 g Zucker

Zubereitungszeit:
ca. 30 Min. + 4 Wochen
Ziehzeit
Für 1 l

Zubereitung

1. Himbeeren verlesen, vorsichtig mit kaltem Wasser abspülen und gut abtropfen lassen. Limette schälen und in Scheiben schneiden.

2. Himbeeren und Limettenscheiben in ein großes Glasgefäß geben. Vanilleschote halbieren und Mark herauskratzen. Schote und Mark zu den Himbeeren geben.

3. Doppelkorn mit Weingeist verrühren, Zucker darin unter Rühren auflösen. Himbeeren damit begießen. Mit einem Deckel verschließen und kalt gestellt ca. 4 Wochen ziehen lassen.

4. Likör in eine sterilisierte Flasche abfüllen und gut verschließen. Gut gekühlt, hält sich der Likör ca. 4–6 Monate.

Tipp

Für einen Russian Fruit Cocktail 2 Zentiliter Himbeerlikör und 4 Zentiliter Wodka mit Crushed Ice verrühren. Mit einer unbehandelten Zitronenscheibe und einer Cocktailkirsche garniert servieren. Wer keine Eismühle zu Hause hat, zerkleinert die in ein Küchentuch gewickelten Eiswürfel einfach mit einem Fleischklopfer.

Zutatenliste

Pfefferminzlikör
mit Zitronenmelisse

Zutaten

80 g Pfefferminze
20 g Zitronenmelisse
etwas abgeriebene Schale von 1 unbehandelten Zitrone
700 ml Korn
100 g Zucker

Zubereitungszeit: ca. 20 Min. + 7 Tage Ziehzeit
Für 1 l

Zubereitung

1. Pfefferminze und Melisse waschen, trocken schütteln und Blättchen abzupfen. Pfefferminz- und Melissenblätter in ein ausreichend großes Glasgefäß geben. Zitronenschale zugeben, mit Korn bedecken und gut verschließen.

2. Zucker zugeben und alles durch Schütteln vermischen. Ca. 6–7 Tage ziehen lassen, dabei immer wieder schütteln.

3. Durch ein mit einem sauberen Tuch ausgelegtes Sieb abfiltern und in eine Flasche abfüllen. Gut verschlossen und dunkel gelagert, ist der Likör ca. 1 Jahr haltbar.

Tipp

Frische Erdbeeren, mit etwas Pfefferminzlikör beträufelt, sind ein leckeres und schnell zubereitetes Sommerdessert für Erwachsene. Auch zu Eis oder Cocktails passt der Likör hervorragend. Liköre benötigen eigentlich keine Dekoration. Wollen Sie Ihre Liköre dennoch garniert servieren, können Sie für Kräuterliköre etwas Zitronenmelisse oder einen Minzzweig verwenden und für zitrusbetonte Liköre eine halbierte Orangenscheibe, die eingeschnitten und auf den Glasrand gesteckt wird.

Zutatenliste

Rosenblütenlikör,
verführerisch duftend

Zutaten

100 ungespritzte Duftrosenblätter
250 g Rohrzucker
1 Vanilleschote
750 ml Weizenkorn (38 %)

Zubereitungszeit: ca. 20 Min. + 2 Monate und 5 Wochen Zieh- und Reifezeit
Für ca. 750 ml

Zubereitung

1. Rosenblätter gegebenenfalls abtupfen und in ein großes Glasgefäß füllen. Zucker und aufgeschnittene Vanilleschote zufügen und mit Weizenkorn übergießen.

2. An einem dunklen Ort bei Zimmertemperatur ca. 4–5 Wochen ziehen lassen, dabei jeden zweiten Tag gut durchschütteln.

3. Likör durch ein feinmaschiges Sieb passieren und in eine sterilisierte Flasche füllen. Weitere ca. 2 Monate reifen lassen. Der Likör hält sich, kühl und dunkel aufbewahrt, mehrere Monate.

Tipp

Rosenblätter am besten frühmorgens ernten und nur einwandfreie Blütenblätter abzupfen. Um eine kräftigere Farbe zu erhalten, einfach noch einige rote Blütenblätter zufügen. Rosenblütenlikör eignet sich sehr gut, um Cremes für Torten oder Desserts wie Panna Cotta zu aromatisieren.

Zutatenliste

Kirschlikör
mit Nelke und Kardamom

Zutaten

750 g Sauerkirschen
250 g weißer Kandiszucker
1 Gewürznelke
2 leicht zerdrückte Kardamomkapseln
1 Vanilleschote
375 ml weißer Rum (38 %)
375 ml Wodka (38 %)

Zubereitungszeit: ca. 30 Min. + 8 Wochen Ziehzeit
Für 750 ml

Zubereitung

1. Sauerkirschen gründlich waschen und entsteinen. In ein großes Glasgefäß geben. Zucker, Nelke, Kardamom und aufgeschnittene Vanilleschote zufügen, Rum und Wodka zugießen und Glas fest verschließen.

2. Likör ca. 8 Wochen ziehen lassen, zwischendurch immer wieder leicht schütteln.

3. Durch ein mit einem sauberen Küchentuch ausgelegtes Sieb filtern und in eine sterilisierte Flasche füllen. Kühl gelagert, hält sich der Likör ca. 6–8 Monate.

Tipp

Vanillepudding mit angedickten Kirschen und einem Schuss Kirschlikör ist köstlich, der Likör schmeckt aber auch gut zu Eis oder in Cremes. Sie können Kirschlikör aber auch anstelle von Johannisbeerlikör für einen Kir Royal (siehe Seite 34) verwenden.

Zutatenliste

Herbst:

aromatisch und würzig

Ingwer-Sirup
mit Zitrone und Minze

Zutaten

80 g frischer Ingwer
Saft von 1/2 Zitrone
1 Zeste von 1 unbehandelten Zitrone
1 Handvoll frische Minzeblätter
150 g brauner oder weißer Zucker
2,5 g Zitronensäure

Zubereitungszeit: ca. 1 Std. + 8 Std. Ziehzeit
Für 1,5 l

Zubereitung

1. Ingwer schälen, grob würfeln und in einen Topf geben. 250 Milliliter Wasser zugießen und zum Kochen bringen. Zugedeckt ca. 10 Minuten köcheln lassen.

2. Topf vom Herd nehmen und Zitronensaft einrühren. Zitronenzeste und gewaschene Minzeblätter zugeben. Ca. 8 Stunden abgedeckt ziehen lassen.

3. Flüssigkeit durch ein feines Sieb in einen sauberen Topf abseihen. Zucker und Zitronensäure zugeben und mit Wasser auf 1,5 Liter Flüssigkeit aufgießen. Unter Rühren aufkochen und köcheln lassen, bis der Zucker sich vollständig aufgelöst hat.

4. In sterilisierte Flaschen füllen und verschließen. Kühl und dunkel gelagert, hält sich der Sirup ca. 3 Monate.

Tipp

Verwenden Sie den Ingwer-Sirup für Cocktails, Ingwerlimonade oder als Zutat für Salatdressings. Im Winter hilft er, im Tee eingenommen, bei Erkältungen und Halsschmerzen.

Zutatenliste

Traubensirup,
einfach und traditionell

Zutaten

2 kg blaue Weintrauben
600 g Zucker
Mark von 1 Vanilleschote

Zubereitungszeit: ca. 1 Std.
Für 1 l

Zubereitung

1. Trauben von den Stielen zupfen und gut waschen. Mit 500 Millilitern Wasser und 100 Gramm Zucker in einen Topf geben und unter Rühren zum Kochen bringen. Ca. 15 Minuten bei mittlerer Hitze köcheln lassen. Topf vom Herd nehmen.

2. Trauben zerdrücken und abkühlen lassen. Durch ein mit einem sauberen Tuch ausgelegtes Sieb abseihen und Saftmenge abmessen. 50 Gramm Zucker pro 100 Milliliter Saft zugeben.

3. Saft-Zucker-Mischung mit Vanillemark in einen Topf geben. Ca. 10 Minuten unter Rühren kochen, bis der Zucker sich vollständig aufgelöst hat und die Mischung eine sirupartige Konsistenz hat. In eine sterilisierte Falsche füllen und gut verschließen. Kühl gelagert, hält sich der Sirup mehrere Monate.

Tipp

Eine gesunde Alternative zu Nussnugatcreme ist folgender Brotaufstrich: Traubensirup und gut gerührte Sesampaste 1:1 vermischen. Für einen milderen Geschmack einfach mehr Sesampaste zugeben. Traubensirup eignet sich aber auch gut dafür, Cremes, Puddings und süße Soßen zu verfeinern oder Pfannkuchen und Crêpes zu süßen.

Zutatenliste

Raffinierter Kürbissirup,
weihnachtlich gewürzt

Zutaten

600 g Zucker
200 g Kürbispüree
2 TL Lebkuchengewürz
1 Zimtstange
1/2 TL frisch geriebener Muskat
1 aufgeschnittene Vanilleschote

Zubereitungszeit: ca. 40 Min.
Für ca. 750 ml

Zubereitung

1. 600 Milliliter Wasser und Zucker in einem Topf unter Rühren zum Kochen bringen. Bei reduzierter Hitze so lange unter Rühren köcheln lassen, bis sich der Zucker vollständig aufgelöst hat.

2. Kürbispüree, Lebkuchengewürz, Zimtstange, Muskat und Vanilleschote zufügen und unterrühren. Ca. 5–10 Minuten unter Rühren sanft köcheln lassen.

3. Sirup durch ein mit einem sauberen Küchentuch ausgelegtes Sieb passieren. Abgekühlten Sirup in eine sterilisierte Flasche abfüllen. Im Kühlschrank hält er sich einige Wochen.

Tipp

Der Kürbissirup passt gut zu einem Latte Macchiato oder Caffè Latte. Einfach 1–2 Esslöffel davon in eine Tasse geben, etwas heiße Milch zugießen und gut verrühren. Restliche Milch mitsamt Schaum zugeben und Espresso zugießen. Lecker schmeckt der Kürbissirup auch zu Waffeln und Pancakes oder zu Joghurt oder Quark. Oder Sie probieren einen herbstlichen Kürbissekt: Dazu einfach einen Teil Sirup mit fünf Teilen Sekt aufgießen.

Zutatenliste

Quittenlikör

mit Zitrus- und Zimtaromen

Zutaten

1 kg Quitten
200 ml frisch gepresster Zitronensaft
Zesten von 2 unbehandelten Zitronen
Zeste von und 1 unbehandelten Orange
1 Zimtstange
2–3 zerdrückte Kardamomkapseln
500 g Zucker
1,5 l Wodka (40 %)

Zubereitungszeit: ca. 45 Min. + 10 Wochen Zieh- und Reifezeit
Für ca. 2,4 l

Zubereitung

1. Quitten mit Küchenpapier gut abreiben, um den Flaum zu entfernen, und gründlich waschen. Quitten entkernen, würfeln und in ein großes, verschließbares Glas geben.

2. Zitronensaft, Zitronen- und Orangenzesten, Zimtstange, Kardamom und Zucker zugeben und vermengen. Wodka darübergießen. Glas verschließen und ca. 4 Wochen ziehen lassen. Ab und zu leicht schütteln.

3. Likör durch ein mit einem sauberen Küchentuch ausgelegtes Sieb abseihen und in sterilisierte Flaschen füllen. Ca. 4–6 Wochen reifen lassen. Der Likör hält sich, kühl gelagert, mehrere Monate.

Tipp

Servieren Sie einen herbstlichen Apfel- oder Birnenkuchen vom Blech mit steif geschlagener Sahne und beträufeln Sie diese mit ein wenig Quittenlikör oder rühren Sie ein wenig davon unter den Teig eines Schokoladenkuchens.

Zutatenliste

Pflaumen-Birnen-Likör

mit Weißwein und Wodka

Zutaten

500 g Pflaumen
500 g Birnen
1 Zimtstange
1 Vanilleschote
Abrieb von 1 unbehandelten Zitrone
250 ml trockener Weißwein
700 ml Wodka
700 g Zucker

Zubereitungszeit:
ca. 45 Min. + 8 Wochen Zieh- und Reifezeit
Für ca. 1,5 l

Zubereitung

1. Pflaumen und Birnen waschen, halbieren und entsteinen bzw. entkernen. Birnen nochmals halbieren und in dünne Scheiben schneiden. Pflaumen und Birnen in ein großes, verschließbares Glas geben.

2. Zimtstange zugeben. Vanilleschote aufschneiden und mit Zitronenabrieb ebenfalls zufügen. Weißwein und Wodka darübergießen.

3. Zucker mit 550 Millilitern Wasser in einen Topf geben und zum Kochen bringen. Unter Rühren bei reduzierter Hitze köcheln lassen, bis der Zucker sich vollständig aufgelöst hat. Zu den Pflaumen und Birnen gießen.

4. Alles gut mischen und zugedeckt ca. 2–3 Wochen an einem kühlen, dunklen Ort ziehen lassen. Abseihen und in ein sterilisiertes Glasgefäß gießen. Weitere ca. 2 Wochen ziehen lassen. In sterilisierte Flaschen füllen und ca. 2–3 Wochen reifen lassen. Der Likör hält sich mehrere Monate, wenn er kühl gelagert wird.

Tipp

Pflaumen-Birnen-Likör verfeinert alle Obstsalate, aber auch Kompotte oder Trifles lassen sich damit raffiniert variieren. Oder Sie genießen ihn einfach pur, mit einer Pflaumenscheibe am Glasrand serviert.

Zutatenliste

Weißdornlikör
mit Hagebutten und Minze

Zutaten

400 g Weißdornbeeren
10–12 Hagebutten
4 Zweige Minze
2 Zimtstangen
150 g brauner Zucker
750 ml Rum oder Wodka (40 %)

Zubereitungszeit:
ca. 30 Min. + 8 Wochen und 8 Stunden Ziehzeit
Für 750 ml

Zubereitung

1. Weißdornbeeren gründlich waschen, Hagebutten entstielen und ebenfalls gut waschen. Früchte in ein großes Gefäß geben, mit Wasser bedecken und ca. 6–8 Stunden ziehen lassen.

2. Abgießen und Früchte in ein sauberes Gefäß geben. Minze, Zimtstangen, Zucker und Rum oder Wodka zugeben, verschließen und ca. 8 Wochen ziehen lassen. Dabei regelmäßig leicht schütteln.

3. Likör abseihen und in eine sterilisierte Flasche füllen. Der Likör ist, gut gekühlt, ca. 1 Jahr haltbar.

Tipp

Mit Weißdorn und Hagebutten kommen Sie gesund durch den Herbst. Der Likör schmeckt nicht nur lecker, in Maßen genossen stärkt der Weißdorn das Herz und stabilisiert den Kreislauf, und die vitaminreichen Hagebutten können Erkältungen vorbeugen. Angesetzte Früchte nicht wegwerfen, sondern zu Marmelade verarbeiten.

Zutatenliste

Hagebuttenlikör,
herbstlicher Genuss

Zutaten

1 kg Hagebutten
300 g Rohrzucker
1 Zimtstange
2 Nelken
2 zerdrückte Kardamomkapseln
abgeriebene Schale von 1/2 unbehandelten Zitrone
abgeriebene Schale von 1/2 unbehandelten Orange
1,5 l Weinbrand (38 %)

Zubereitungszeit:
ca. 30 Min. + 12 Wochen und 8 Std. Ziehzeit
Für 1,5 l

Zubereitung

1. Hagebutten putzen und gründlich waschen. Mit Zucker in ein großes Glasgefäß geben und gut mischen. Ca. 8 Stunden an einem kühlen Ort ziehen lassen.

2. Zimtstange, Nelken, Kardamom, Zitronen- und Orangenabrieb zufügen und mit Weinbrand übergießen. Gut verschlossen, ca. 8 Wochen ruhen lassen.

3. Likör durch ein mit einem sauberen Küchentuch ausgelegtes Sieb gießen. Mithilfe des Tuches restliche Flüssigkeit aus den Früchten pressen.

4. In sterilisierte Flaschen füllen und weitere ca. 4 Wochen ruhen lassen. Der Hagebuttenlikör ist ca. 6 Monate haltbar.

Tipp

Eine schöne Idee für kalte Herbsttage: Den Likör einfach leicht erwärmen und mit einer Sahnehaube, mit etwas Zimt bestäubt, servieren.

Zutatenliste

Winter:
wärmend und weihnachtlich

Haselnusssirup,
köstlich zum Kaffee

Zutaten

200 g gehackte Haselnüsse
500 g Zucker

Zubereitungszeit:
ca. 50 Min.
Für ca. 600 ml

Zubereitung

1. Haselnüsse in einer Pfanne ohne Fettzugabe anrösten, dabei regelmäßig umrühren. Sind die Haselnüsse leicht gebräunt und entfalten sie einen aromatischen Duft, Zucker zugeben und leicht karamellisieren lassen.

2. 500 Milliliter Wasser zugießen und zum Kochen bringen. Bei reduzierter Hitze weitere ca. 10 Minuten köcheln, bis der Zucker sich vollständig aufgelöst hat.

3. Durch ein feines Sieb abseihen. Wieder in einen Topf geben und einmal aufkochen lassen. In eine sterilisierte Flasche füllen und gut verschließen. Der Haselnusssirup hält sich, kühl gelagert, einige Wochen.

Tipp

Der Sirup lässt sich als Süßungsmittel für Desserts verwenden und schmeckt lecker in Kaffee oder Kakao. Selbst gemachte Sirups und Liköre sind, nicht nur zur Weihnachtszeit, ein wunderbares Geschenk, das sich ganz dem Geschmack des Beschenkten anpassen lässt.

Zutatenliste

Winterlicher Gewürzsirup
für Adventsstimmung

Zutaten

250 g Zucker
Saft von 1 Orange
Mark von 1 Vanilleschote
1 Sternanis
1 Zimtstange
3 Nelken
3 zerdrückte Kardamomkapseln

Zubereitungszeit: ca. 30 Min.
Für 500 ml

Zubereitung

1. Zucker, 500 Milliliter Wasser und Orangensaft in einen Topf geben und unter Rühren köcheln lassen, bis sich der Zucker vollständig aufgelöst hat.

2. Vanillemark, Sternanis, Zimtstange, Nelken und Kardamomkapseln zufügen und weitere ca. 10 Minuten bei milder Hitze köcheln lassen.

3. Abkühlen lassen, Gewürze abseihen und Sirup in eine sterilisierte Flasche füllen. Gut verschlossen, dunkel und kühl gelagert, hält sich der Sirup ca. 1 Jahr.

Tipp

Geben Sie ein wenig von dem Sirup zum Tee oder in den Punsch, verfeinern Sie damit ein winterliches Pflaumenkompott, Cremes oder Kuchen und Torten (z. B. Punschtorte). Die Vanilleschote können Sie weiterverwenden, indem Sie sie waschen, trocken tupfen, in ein mit Zucker gefülltes Glas geben und es verschließen. Die Vanille gibt ihr Aroma über Monate hinweg an den Zucker ab und er lässt sich zum Verfeinern von Desserts, Kuchen und Torten verwenden.

Zutatenliste

Teelikör

mit Orangenschale und Vanille

Zutaten

200 g brauner Kandiszucker
40 g schwarzer Tee
Mark von 1 Vanilleschote
Zesten von 1 unbehandelten Orange
300 ml brauner Rum (40 % Alkohol)

Zubereitungszeit: ca. 30 Min. + 18 Tage Ziehzeit
Für ca. 1,2 l

Zubereitung

1. Kandiszucker mit 200 Millilitern Wasser in einen Topf geben und zum Kochen bringen. Bei reduzierter Hitze ca. 5 Minuten köcheln lassen. Tee mit 750 Millilitern kochendem Wasser übergießen und ca. 3 Minuten ziehen lassen. Durch ein feines Sieb zum Kandiszucker in den Topf abseihen und abkühlen lassen.

2. Flüssigkeit in ein großes, verschließbares Glasgefäß geben. Vanillemark, Orangenzesten und Rum zufügen. Gefäß verschließen und Likör ca. 14–18 Tage ziehen lassen.

3. Durch ein feines, mit Filterpapier ausgelegtes Sieb gießen und in sterilisierte Flaschen füllen. Der Likör hält sich, kühl und dunkel gelagert, ca. 4–6 Monate.

Tipp

Dieser Likör ist ein Genuss für Teetrinker, die ihren Tee damit verfeinern können. Vor dem Servieren sollten Liköre stets leicht aufgeschüttelt werden, um Stoffe zu lösen, die sich am Flaschenboden abgesetzt haben. So kann es etwa passieren, dass sich der schwerere Zucker mit der Zeit unten absetzt und sich nicht mit dem leichteren Alkohol mischt, was das Mischungsverhältnis beeinträchtigt. Es empfiehlt sich, nicht nur die Flasche, sondern auch das Likörglas vor dem Genuss zu schwenken, um die Inhaltsstoffe gut zu verteilen.

Zutatenliste

Granatapfellikör,
aromatisiert mit Vanille

Zutaten

4 reife Granatäpfel
Mark von 1 Vanilleschote
300 g weißer Kandiszucker
700 ml Wodka (40 %)

Zubereitungszeit:
ca. 25 Min. + 4 Wochen Ziehzeit
Für ca. 900 ml

Zubereitung

1. Die Granatäpfel halbieren, 3 Esslöffel Kerne herauslösen und Saft auspressen. Es werden 200 Milliliter Saft benötigt.

2. Granatapfelsaft, Kerne, Vanillemark, Kandiszucker und Wodka in ein gut verschließbares Glas geben. Verschlossen an einem dunklen, kühlen Ort ca. 3–4 Wochen ziehen lassen. Dabei ab und zu leicht schütteln.

3. Likör durch ein feines Sieb abgießen, in eine oder zwei sterilisierte Flaschen abfüllen und Flaschen gut verschließen. Kühl gelagert, hält sich der Likör ca. 1–2 Monate.

Tipp

Wenn Sie schon etwas Erfahrung mit selbst gemachten Likören gesammelt haben, können Sie nach Lust und Laune neue Rezepte kreieren und verschiedene Fruchtaromen kombinieren. Probieren Sie einfach aus, was gut miteinander harmoniert. Zu Granatapfel passen z. B. gut Ingwer, Feige und Kirsche.

Zutatenliste

Schokoladenlikör,

zum Dahinschmelzen

Zutaten

250 g Vollmilchschokolade
200 g Sahne
1 Msp. Chilipulver
100 ml Whisky

Zubereitungszeit: ca. 25 Min.
Für ca. 400 ml

Zubereitung

1. Schokolade in Stücke brechen und in eine Edelstahlschüssel geben. Sahne in einem Topf erhitzen, aber nicht kochen. Heiße Sahne über die Schokolade gießen und ca. 5 Minuten ruhen lassen.

2. Mit einem Schneebesen Schokolade und Sahne cremig aufschlagen. Chilipulver unterrühren und Whisky unterziehen.

3. In eine weite, sterilisierte Flasche abfüllen, gut verschließen und in den Kühlschrank stellen. Im Kühlschrank hält sich der Likör ca. 2 Wochen.

Tipp

Experimentieren Sie auch mit anderen Aromen. Dieser Likör lässt sich z. B. gut mit Vanille oder Lebkuchengewürz verfeinern, wenn er zu einem weihnachtlichen Dessert serviert werden soll.

Zutatenliste

Cranberrylikör
mit Orange und Zimt

Zutaten

350 g Cranberrys
(frisch oder TK-Produkt)
abgeriebene Schale von
1 unbehandelten Orange
1 Zimtstange
375 ml Wodka
350 g Zucker

Zubereitungszeit:
ca. 25 Min. + 7 Wochen
Zieh- und Reifezeit
Für 700 ml

Zubereitung

1. Cranberrys zerkleinern, aber nicht pürieren. In ein großes, verschließbares Glasgefäß geben. Orangenschale und Zimtstange zufügen und mit Wodka aufgießen.

2. Zucker und 180 Milliliter Wasser in einen Topf geben und aufkochen. Einige Minuten köcheln und abkühlen lassen. 375 Milliliter davon abmessen und zu den Cranberrys geben. Gefäß verschließen und Likör an einem dunklen, kühlen Ort ca. 4 Wochen ziehen lassen, dabei regelmäßig leicht schütteln.

3. Likör durch ein feines Sieb, mit einem sauberen Küchentuch oder Filterpapier ausgelegt, abseihen. In eine sterilisierte Flasche füllen und verschließen. Weitere ca. 2–3 Wochen reifen lassen. Kühl gelagert, hält sich der Likör ca. 3–4 Monate.

Tipp

Servieren Sie Ihren selbst gemachten Likör am besten im passenden Glas. Süße und fruchtige sowie sahnige und cremige Liköre werden in der Regel leicht gekühlt in Likörschalen, Martinigläsern oder breiten Sektschalen serviert, die das Aroma gut zur Geltung bringen und Warmwerden verhindern. Für Kräuter- und Bitterliköre, bei denen der Geschmack wichtiger ist als der Geruch, eignet sich hingegen ein schmales Aperitifglas mit dickem Boden, das sich oben nur leicht weitet. Es lässt sich auch gut im Gefrierfach vorkühlen.

Zutatenliste

Irish-Cream-Likör
für Whisky-Fans

Zutaten

250 g Sahne
420 g gezuckerte Kondensmilch
400 ml Whisky
2 EL Schokoladensirup
1 TL löslicher Kaffee
Mark von 1 Vanilleschote
1 TL Mandelaroma

Zubereitungszeit: ca. 10 Min.
Für 1 l

Zubereitung

1. Sahne, Kondensmilch, Whisky, Schokoladensirup, Kaffeepulver, Vanillemark und Mandelaroma im Standmixer auf hoher Stufe ca. 30 Sekunden mixen.

2. In eine sterilisierte Flasche abfüllen und in den Kühlschrank stellen. Dort hält sich der Likör ca. 1 Monat.

Tipp

Besonders gut schmeckt der Irish-Cream-Likör z. B. in Kaffee oder heißer Schokolade oder zu Kuchen wie etwa Käsekuchen. Für ein Irish-Cream-Likör-Eis 700 Gramm Zucker und 500 Milliliter Wasser aufkochen und zu einem klebrigen Sirup einköcheln lassen. 800 Milliliter Sahne zugeben. 3 Blatt Gelatine in Wasser einweichen, ausdrücken und in etwas von 600 Millilitern Irish-Cream-Likör auflösen. Gelatinemischung und restlichen Likör zur Sirup-Sahne-Masse geben und in der Eismaschine gefrieren lassen. Sofort verzehren.

Zutatenliste

Bratapfel-Likör

für Abende vor dem Kamin

Zutaten

600 g Äpfel
50 g brauner Zucker und
1 EL brauner Zucker zum Bestreuen
3 Zimtstangen
2 Sternanise
abgeriebene Schale von
1 unbehandelten Zitrone
Mark von 1 Vanilleschote
150 g weißer Kandiszucker
700 ml Wodka (38 %)

Zubereitungszeit:
ca. 45 Min. + 7 Wochen und 3 Tage Ziehzeit
Für ca. 1 l

Zubereitung

1. Backofen auf 190 °C (Umluft: 170 °C) vorheizen. Äpfel gründlich waschen, vierteln und entkernen. Mit der Schale nach oben nebeneinander auf ein mit Backpapier ausgelegtes Backblech legen. Im vorgeheizten Backofen ca. 5 Minuten backen. Mit 1 Esslöffel braunem Zucker bestreuen, Zimtstangen und Sternanise dazwischenlegen und weitere ca. 10 Minuten backen. Abkühlen lassen.

2. Zitronenschale in ein großes, verschließbares Glasgefäß geben. Vanillemark zugeben. Kandiszucker daraufstreuen und Äpfel samt Zucker, Zimtstangen und Sternanise zugeben. Wodka zugießen. Zutaten mischen, Glas verschließen und ca. 3 Wochen ziehen lassen. Dabei regelmäßig schütteln.

3. Bratapfellikör durch ein mit einem sauberen Tuch ausgelegtes Sieb abseihen und mit 350 Millilitern Wasser und 50 Gramm braunem Zucker vermischen. Gut verschlossen, ca. 2–3 Tage ruhen lassen. In eine sterilisierte Flasche abfüllen und weitere ca. 4 Wochen ruhen lassen. Kühl gelagert, hält sich der Likör ca. 3–4 Monate.

Zutatenliste

Tipp

Köstlich schmeckt der Likör in Kaffee, Tee oder Schokolade. Oder trinken Sie ihn pur, mit einem Zuckerrand und einem Apfelschnitz sowie einer Zimtstange serviert.

Register

Impressum

www.otus.ch
ISBN 978-3-03793-654-2

Komplettproducing: twinbooks, München
Texte: Annerose Sieck für twinbooks, München
Text- und Abbildungsverzeichnis: Fotolia: 6 zia_shusha; Shutterstock Images: 2 Shaiith; 5 Letterberry; 6 Thomas Klee; 7 Thomas Klee; 10 HandmadePictures; 13 fotoknips; 14 Reschme; 17 al1962; 18 Wiktory; 21 Anna_Pustynnikova; 22 denio109; 25 HandmadePictures; 26 aliasemma; 29 Letterberry; 30 aliasemma; 33 aliasemma; 34 Anna_Pustynnikova; 37 Anna_Pustynnikova; 38 HandmadePictures; 41 Anna_Pustynnikova; 42 Elena Hramova; 45 Anna_Pustynnikova; 46 foodiepics; 49 IngridHS; 50 foodiepics; 53 kitty; 54 Reika; 57 HandmadePictures; 58 Flegere; 61 Wiktory; 62 ziashusha; 65 Shaiith; 66 konfik; 69 Thiradech; 70 ziashusha; 73 HandmadePictures; 74 AlbinaZaripova; 77 HandmadePictures; 78 Igor Normann; Schmuckabbildungen: Shutterstock Images: Ohmega1982; Annmarie Young; Cyril D.; Cover: siehe S. 8